"Con mi fotografía,
sólo pretendo mostrar
lo que hay de trascendente
en el ser humano.
No busco reflejar hechos
ni formas individuales de sentir.
Lo que busco es el espíritu del hombre,
esa esencia fundamental
que permanece en el tiempo
y que está en todos los lugares."

RICARD TERRÉ

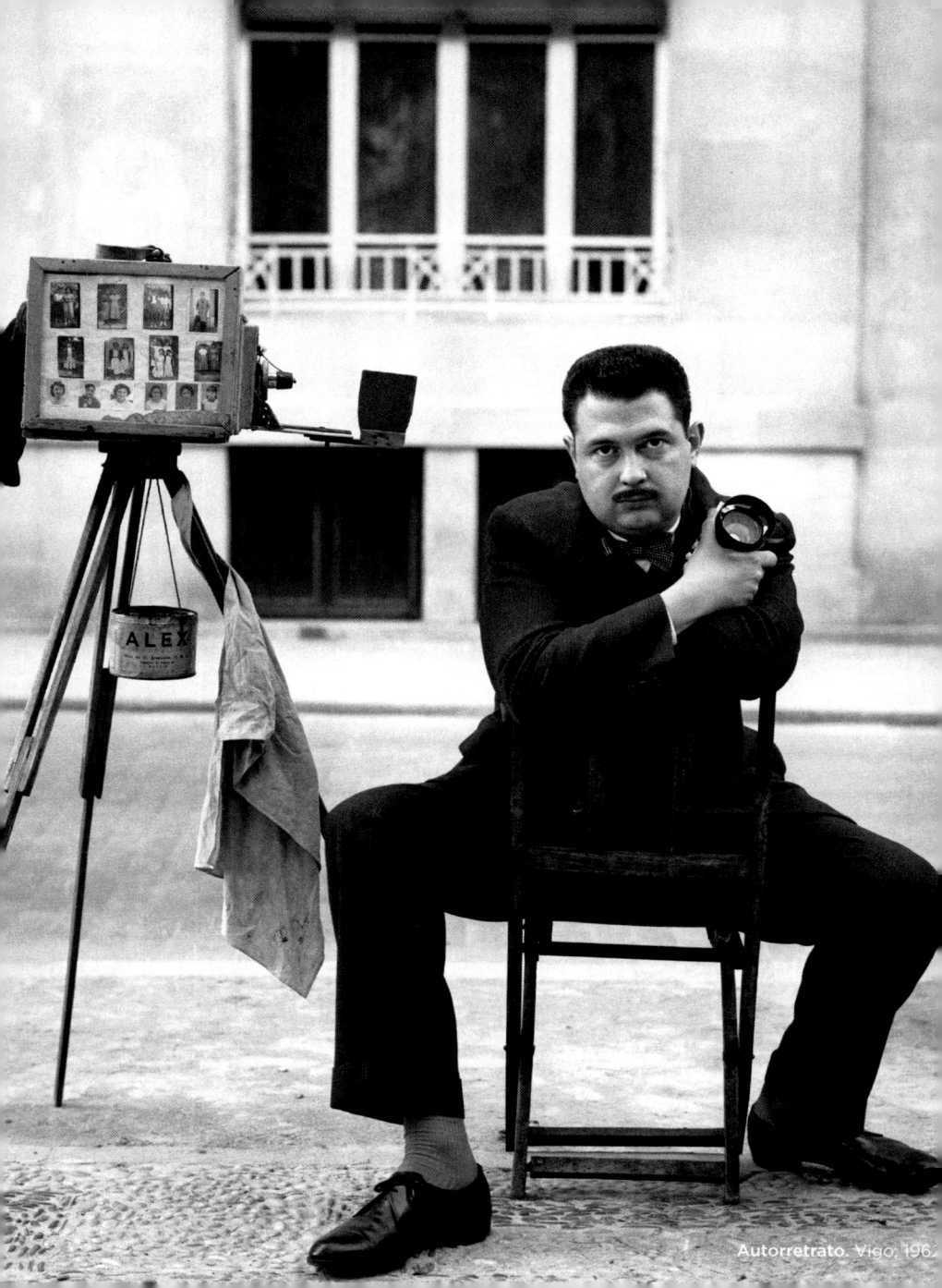

Autorretrato. Vigo. 196

Maestros de la fotografía
en la Academia de Bellas Artes de San Fernando

RICARD
TERRÉ

Real Academia de
Bellas Artes de San Fernando

Madrid, 2025

Real Academia de Bellas Artes de San Fernando

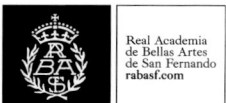

Real Academia
de Bellas Artes
de San Fernando
rabasf.com

EDICIONES
DEL AZAR

La mirada reflexiva de Ricard Terré

Publio López Mondéjar

Académico de San Fernando. Sección de Artes de la Imagen

Ricard Terré (Sant Boi de Llobregat, Barcelona, 1928-Vigo, 2009) es un verso suelto entre los miembros de su generación. Aunque inició pronto su cercanía con el grupo Afal y sus fotógrafos más destacados, se distingue de ellos en su decidida voluntad de descifrar la realidad, de penetrar en sus ámbitos más penumbrosos. Mediante un limitado catálogo de temas -la muerte, el rito, la religión-, su obra tiende a la intemporalidad. La suya es una fotografía sensible y despojada, atenta siempre a lo inmanente, a lo que está llamado a perdurar.

Miembro de una familia cultivada, era persona cercana a la literatura, a las artes, al jazz y a los deportes más recios, como un *fellow* británico. Fue un apreciable pintor y caricaturista en sus años más jóvenes, y sólo se dedicó a la fotografía entre 1955 y 1970, aunque, como un intermitente Guadiana, volvió a retomarla en 1982. Era hombre reflexivo, respetuoso y profundamente humano, que entendió pronto que la realidad es mucho más que su apariencia, aunque a veces no pasa de ser un espejo alejado de la percepción de nuestra propia mirada. En su inmersión personal en las simas de lo real, no buscó nunca el artificio, ni siquiera la belleza, que nunca le interesó y que es, quizás, la única virtud que nuestros sentidos alcanzan a percibir.

Terré fue un outsider vocacional, ajeno a los círculos burocráticos y oficialistas de su tiempo, indiferente a pompas y vanidades. En el breve tiempo en que practicó la fotografía, su interés se centró en el hombre, o al menos en su huella. Con el tiempo, se ha ido reconociendo su obra respetuosa, indulgente y personalísima: la de un hombre considerado y de principios, consciente de que una sociedad que olvida la tolerancia y la misericordia es una sociedad enferma.

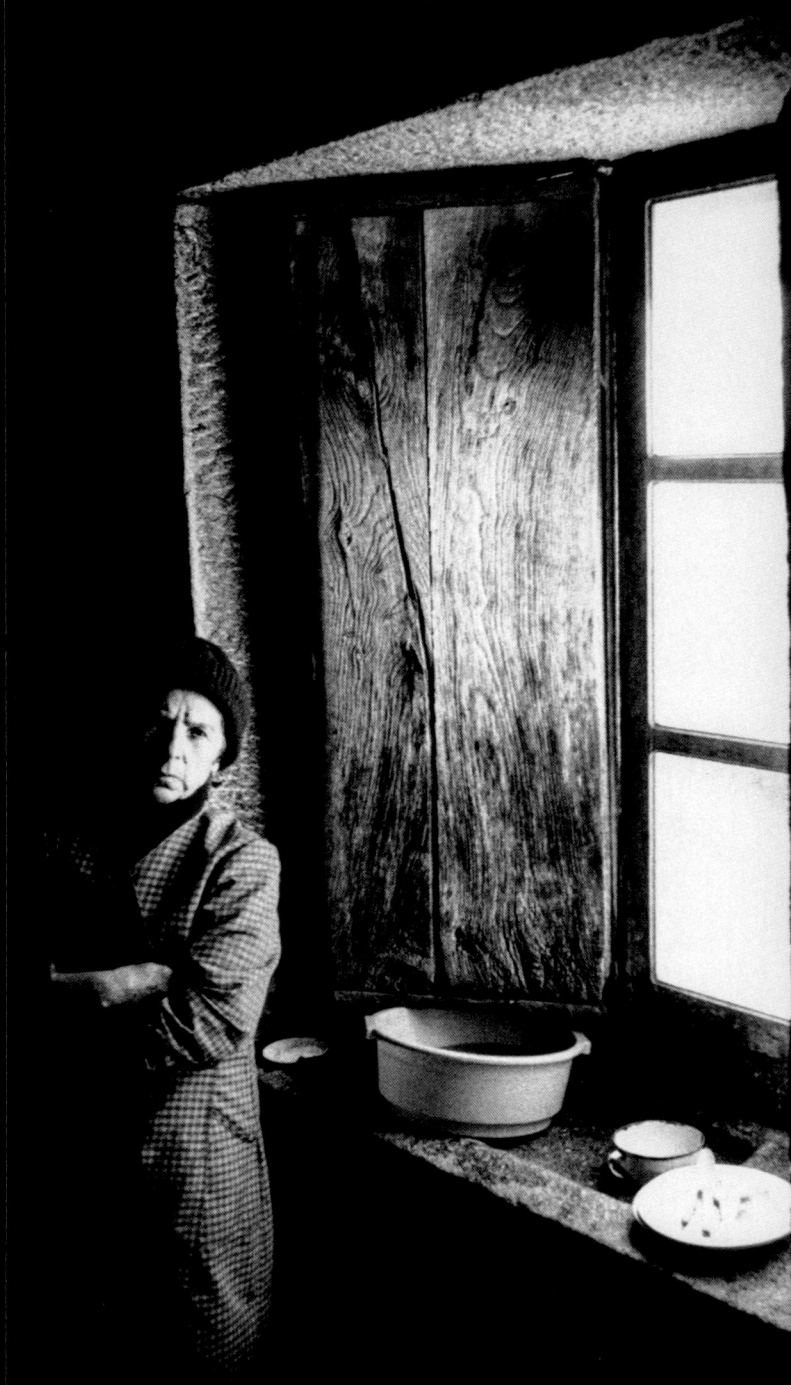

JAVIER PÉREZ ANDÚJAR

Escritor

La mirada sagrada de Ricard Terré

Las fotos de Ricard Terré no buscan el tiempo, buscan a la gente. Su fotografía pertenece más a la poesía realista de su época, a Blas de Otero, a José Hierro, que al tiempo proustiano pendiente de recobrar. Lo que *En busca del tiempo perdido* se simboliza a partir de una magdalena mojada en té, en Terré son objetos inertes. Una cucharilla doblada y tirada al suelo (no como una cucharilla doblada por Uri Geller, sino como un reloj blando de Dalí, otra forma de tiempo); un par de zapatos rotos de mujer abandonados junto a un árbol; la capucha de un nazareno, con las cuencas de los ojos de trapo, o esos dos agujeros señalados por la punta de una corbata, como una lanza de Longinos. Todo parece religioso en Terré.

Pero la palabra no es religioso, sino sagrado. Ricard Terré proyecta una mirada sagrada, otros fotógrafos han tenido un mirar místico, que no es lo mismo. En lo sagrado cabe lo profano. Terré muestra lo sagrado de la religión en las procesiones que fotografía, y muestra lo sagrado de la vida profana en sus retratos de los carnavales. Un desfile de carnaval es una procesión sin fe, solo con hambre. Y sin embargo, es la misma la gente que participa en procesiones y carnavales. Terré lo sabe y lo explica con estas palabras: "El hombre siempre es el mismo".

Esto lo ha dicho para desvelar por qué a lo largo de su obra fotográfica, ni el orden cronológico, ni las localizaciones, tienen relevancia. El hombre es el mismo en todas las épocas y en todos los sitios, dice, y va a fotografiar a hombres y mujeres, viejas y viejos, niñas y niñas, buscando en cada disparo lo más sagrado del ser humano, es decir, lo eterno, lo que permanece. Dispara poco. Hace las fotografías que

Agualada.
A Coruña, 1990

Gelatina de plata
sobre papel RC,
305 × 204 mm.
Museo de la Real
Academia de
Bellas Artes de San
Fernando
F/1275

necesita, y vuelve a su casa, con su familia, su mujer, Laura, y sus hijas e hijos, que van aumentado en número como en un paraíso perdido. Al final serán ocho hijos, niños y niñas. A Ricard Terré le basta con presenciar las cosas una vez, mientras suceden, y tan solo toma de la vida una muestra. O muy pocas. Como los científicos, toma un cultivo, que se desarrollará en el laboratorio para plasmarse, finalmente, en papel mojado. Cuando todo era de verdad, la fotografía era papel mojado, y se ponía a secar sujeta con una pinza de tender la ropa, otro objeto sagrado que procede de la vida cotidiana.

"Las fotos que hice hace cuarenta años podrían ser de ahora mismo, y parecen a la vez tanto de Galicia como de Barcelona", explica Ricard Terré. Lo cantó Franco Battiato: No Time, No Space. El tiempo y el espacio son una superstición. Parafraseando el viejo libro sagrado: el tiempo pasa, los hombres permanecen. Esto Terré lo tiene clarísimo, y por eso ha fotografiado de la misma manera desde el principio, sin modificar nunca su mirada.

Los compañeros de fama y de generación de Ricard Terré serán Ramón Masats y Xavier Miserachs. En abril de 1957, los tres presentan su primera exposición colectiva, en la Asociación Fotográfica de Cataluña. Cuentan con el respaldo y admiración de fotógrafos consagrados, como Josep Maria Casademont, Oriol Maspons y Francesc Català-Roca. Dos años después, Terré, Masats y Miserachs celebran con más éxito aún una segunda exposición colectiva en la Sala Aixelà de Barcelona. Entonces, Barcelona es una ciudad burguesa de provincias, próspera y castigada a la vez. A la gente de Barcelona le gusta mirar y, sobre todo, mirarse; por eso es una ciudad tan rica, tan espléndida, en fotógrafos de primera fila.

Pero la vida siempre cambia. Y, de golpe, hay un momento en que las cosas dejan de ser de verdad. Lo sagrado se ha disuelto bajo un nuevo modo de vida. Ricard Terré lo ha percibido y prefiere abdicar en lo terrenal, en lo falsa-

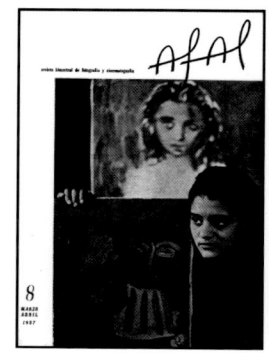

Portada del número 8 del boletín AFAL con una fotografía de Terré, 1957 (Colección Pedro Melero)

Caricaturista antes que fotógrafo, Terré nunca abandonó los ámbitos de la música y de la pintura. Años cincuenta (Colección particular)

mente humano, antes que renunciar a su mirada sagrada. Lo revelará cuando todo este nuevo mundo se imponga en los años noventa: "la gente ha cambiado", dirá. Ya no es lo mismo. Demasiada televisión, demasiadas imágenes por todas partes, que, en vez de buscar la verdad, lo falsean todo y convierten el alma de las personas en espectáculo, en dinero. Se ha instalado el recelo, la suspicacia, ¡la incredulidad!, entre la gente de la calle. "La gente está resabiada y no mira sinceramente", reflexiona ahora Ricard Terré, que durante décadas ha fotografiado como nadie la indefensión, la vulnerabilidad de las personas en el corazón sus de ritos religiosos y de sus rituales profanos, la soledad del hombre, de la mujer, en sus lugares de trabajo, sentados bajo la lona de un circo o en la hilera de afiladores de un mercado.

Cancelada la calle, en esta nueva era Terré se refugia en los inocentes, en las periferias del tiempo (los ancianos y los niños) y, más que nunca, en los objetos, y entonces nos muestra el alma de todo esto. Sí, el alma de las cosas sin alma, inanimadas, de las viejas esculturas carcomidas, escayolas hechas añicos, cirios ardiendo mientras se derriten. Terré va a cumplir 70 años y sigue buscando lo sagrado en el hombre, en la mujer, en la vida, en los objetos, en el mundo.

Nació en 1928, en Sant Boi de Llobregat (Barcelona), la cuna del rugby en España o, por lo menos, el lugar donde se fundó el primer club de rugby español, en 1921. Es el deporte que practicará y disfrutará Ricard Terré. En aquel momento, ser deportista es ser rabiosamente moderno. Tan moderno que, en vez de decirse en castellano, se dice en inglés, sportman. Por la misma razón, porque se siente partícipe de un tiempo nuevo, que en España vive reprimido por el nacionalcatolicismo, se hace socio del Hot Club de jazz (entonces, una música poco afín al gusto de la dictadura franquista), y luego será también piloto de rallies. Además, pintará al óleo. Y su primer empleo lo tendrá como caricaturista. Es muy buen dibujante. Y muy hábil con las manos.

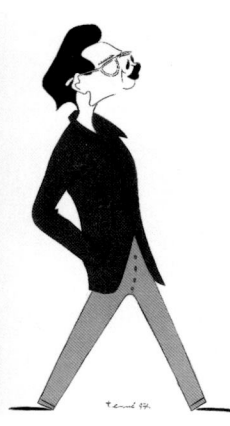

A los 15 años, ha fabricado su primera máquina de fotografiar. Ya es muy alto, llegará a medir 1,95 m, y con 16 años va a pasearse por Barcelona vestido de dandi, con sombrero, gafas negras, corbata, bastón y gabardina. Lleva dos cámaras en una bolsa.

En Terré, lo sagrado es lo humano y viceversa. Por esta razón, en sus fotografías de los carnavales de Vigo los participantes parecen espectros, y los penitentes de sus semanas santas, en Barcelona, en Portugal, en Zamora..., se muestran estremecedoramente de carne y hueso. Abundan los zapatos y los ataúdes en el imaginario fotográfico de Ricard Terré. Son la misma cosa. El zapato es el féretro del pie, los féretros con que andamos por la vida. Ambos, zapatos y ataúdes, invocan a la vez a la vida y a la muerte. Se anda sobre la vida, y se anda siempre huyendo de la muerte. Pero hoy ya nadie lleva zapatos, o los zapatos cada vez parecen menos zapatos. La gente prefiere el calzado deportivo, así puede salir corriendo. Hoy, es más fácil escapar. La ciencia ha avanzado muchísimo. Tenía razón este fotógrafo, la gente ha cambiado, ahora, es de otra manera, aunque el hombre sea el mismo.

A una de sus series fotográficas, Ricard Terré la llamará "Muerte poética de las cosas pequeñas". Su sentido de lo sagrado es poético antes que religioso. Pero la poesía exige también cierto grado de fe. Del mismo modo que el poeta José Hierro dejó de publicar libros durante veintisiete años (entre 1964 y 1991), para dedicarse a otras cosas, a la vida de otra manera, Ricard Terré va a estar cerca de veinte años sin practicar públicamente la fotografía.

Es su hija Laura quien, a finales de los años setenta, le ruega que vuelva a entregarse plenamente a lo que es su esencia. Hace ya demasiado que el fotógrafo vive apartado del gran mundo artístico, al que pertenece de pleno derecho. Pues hubo un momento preciso en que decidió salirse del tiempo de los otros y del espacio público. Porque

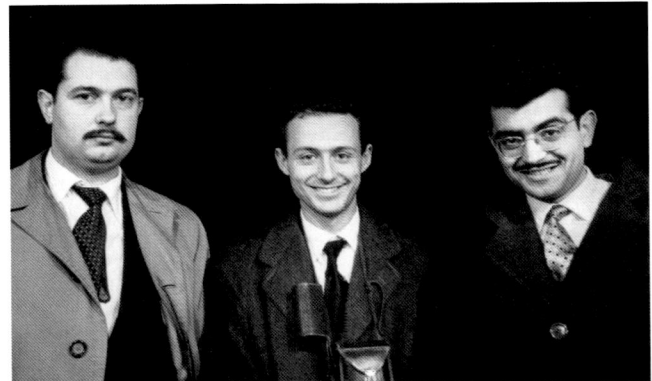

Ricard Terré, Xavier Miserachs y Ramón Masats, en los días en que expusieron juntos en Afal, la Sala Aixelá y en otras galerías. 1957. Fotografía de Julio Ubiña (Col. Monasor)

el mismo mes, del mismo año, 1959, en que saboreaba las mieles del éxito en su segunda exposición con Miserachs y Masats, Ricard Terré deja Barcelona de repente, y se instala en Vigo, donde reside la familia de su mujer. Emprende en esta ciudad distintos negocios. También pone una tienda de música, la más sagrada de las artes; jamás va a renunciar a lo sagrado. Y durante dos décadas, se convertirá en un fotógrafo secreto. A su regreso al gran mundo de la fotografía, le espera de nuevo una carrera por todo lo alto, llena de exposiciones, reconocimientos nacionales e internacionales, reivindicación de su obra, premios y trabajo tanto en la calle, como en su archivo. Así será hasta el día de su muerte, el 29 de octubre de 2009, en su casa de Vigo.

En una de las fotografías que integran la mencionada serie "Muerte poética de las cosas pequeñas", aparece, tirado en el suelo, abierto como un sol como una flor, el papel usado de una magdalena. Suena proustiano. Es la fotografía del sol de la memoria. Pero, en Terré, el oro del tiempo no está en la magdalena, sino en lo que no queremos de ella.

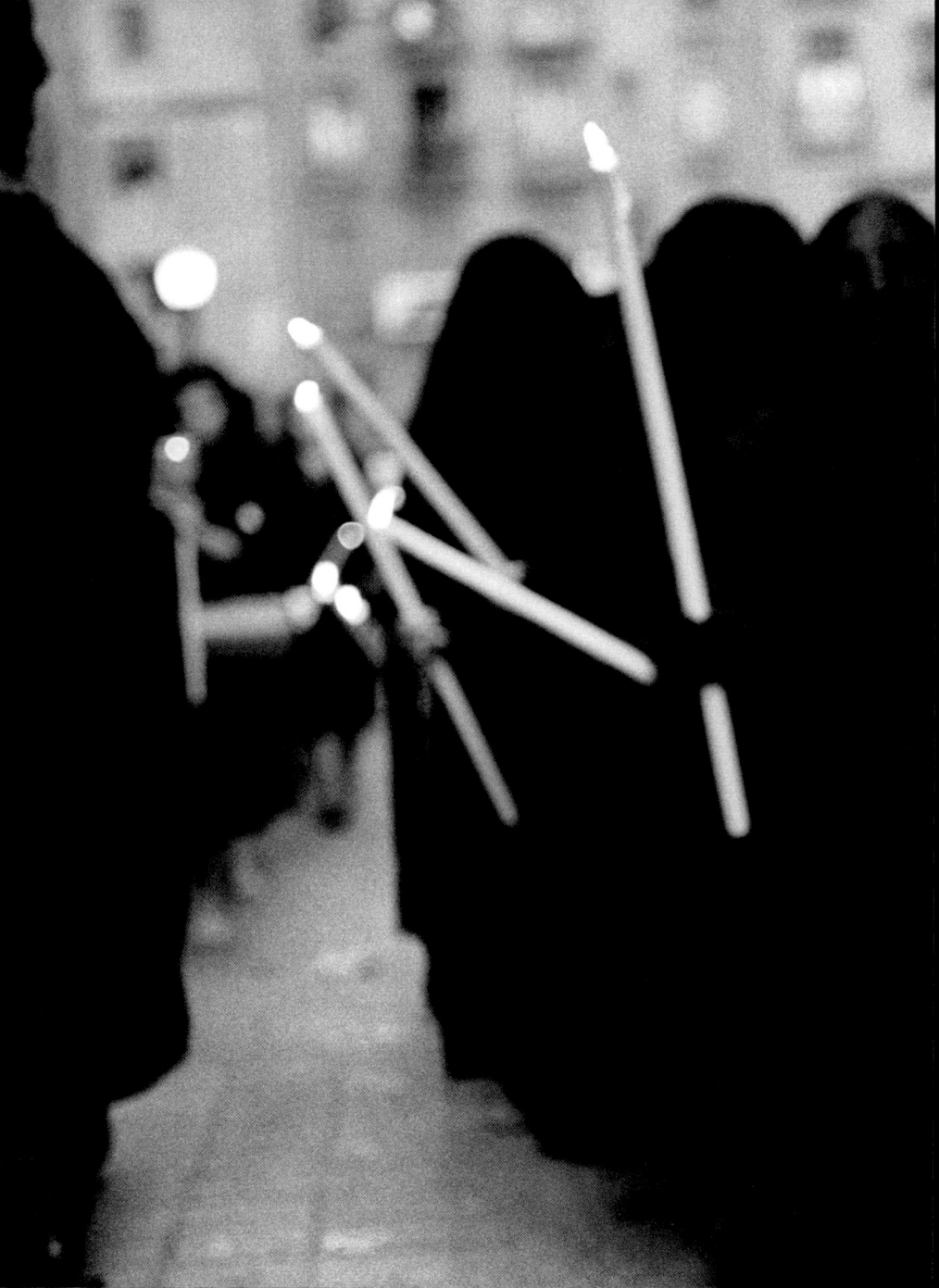

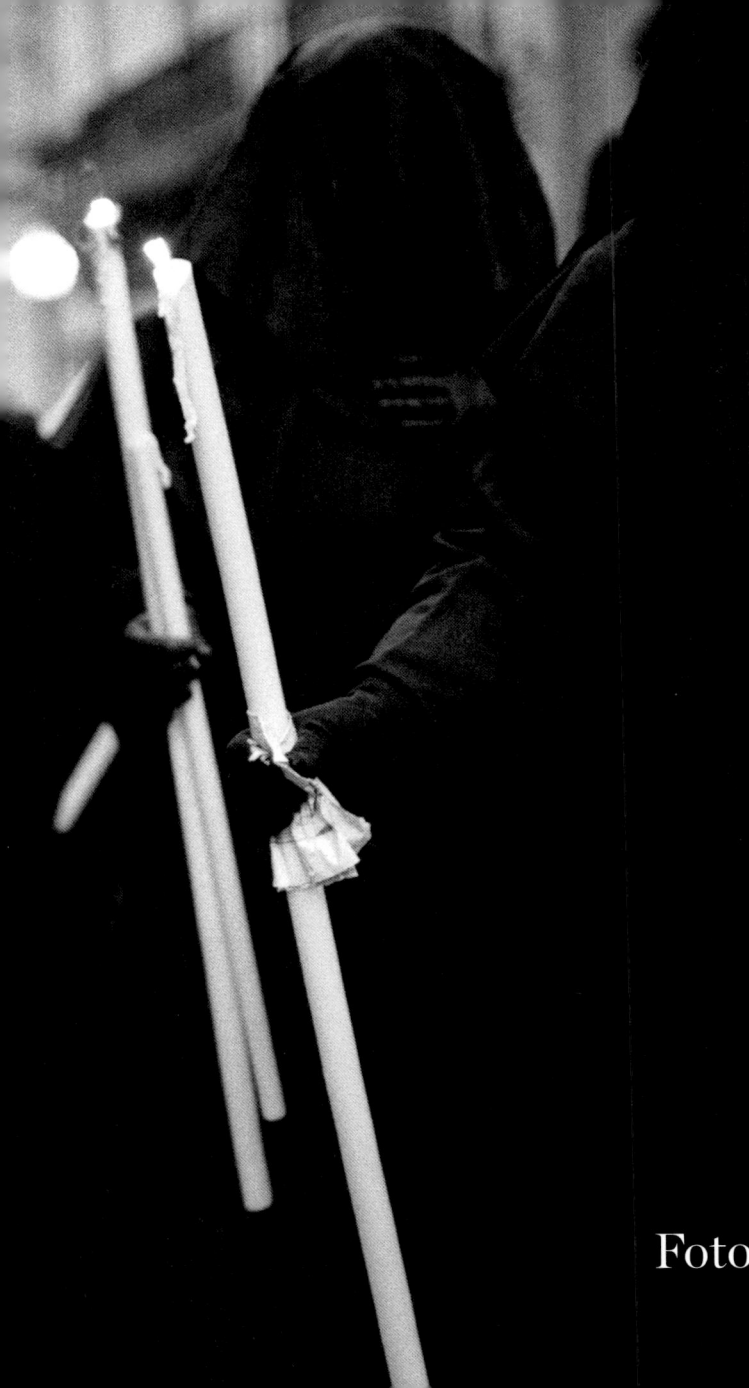

Fotografías

Sant Boi de Llobregat, Barcelona, 1958

Gelatina de plata sobre papel baritado, 403 × 303 mm.
Museo de la Real Academia de Bellas Artes de San Fernando
F/752

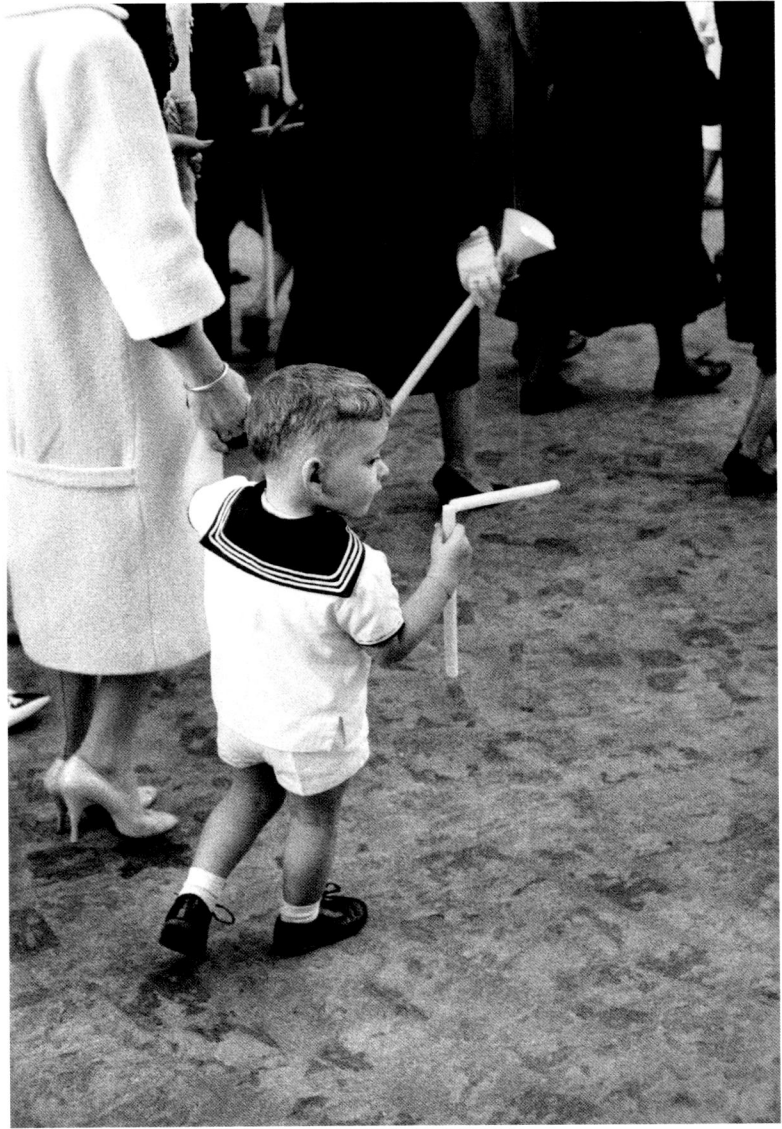

Sant Boi de Llobregat, Barcelona, 1958

Gelatina de plata sobre papel baritado, 403 × 303 mm.
Museo de la Real Academia de Bellas Artes de San Fernando
F/753

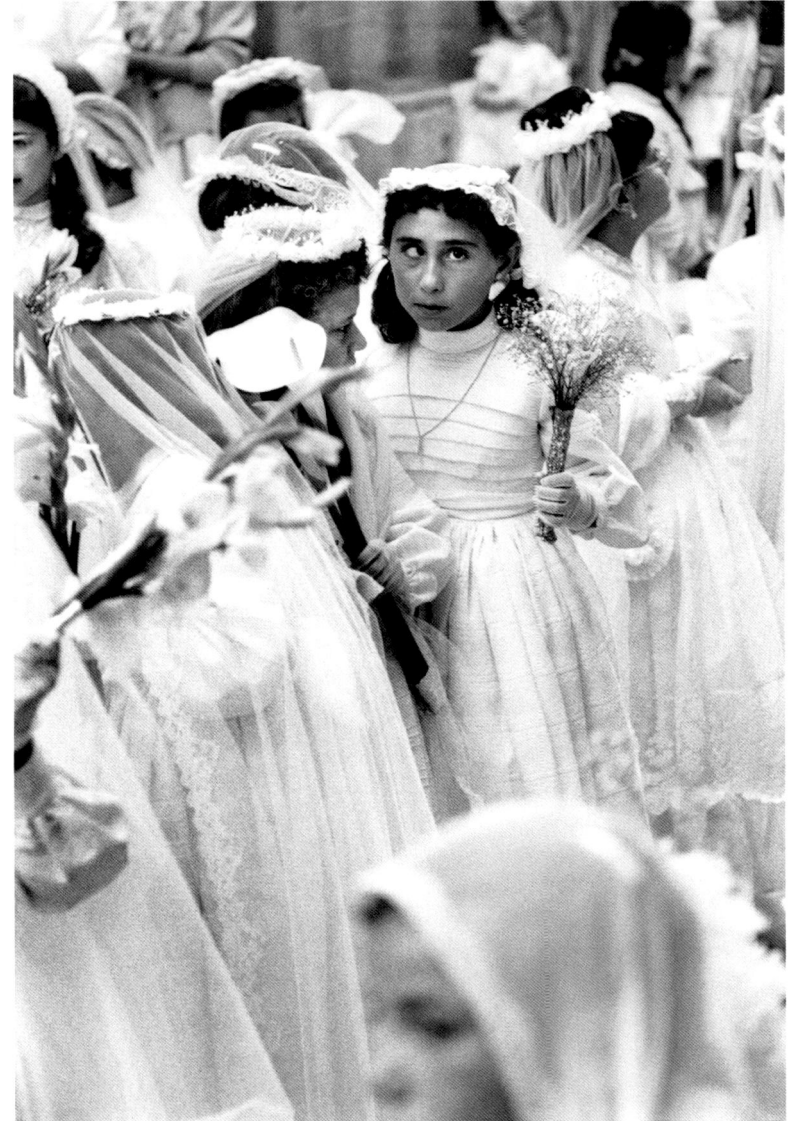

Semana Santa, Braga, Portugal, 1996

Gelatina de plata sobre papel baritado, 182 × 240 mm.
(Coleccion particular)

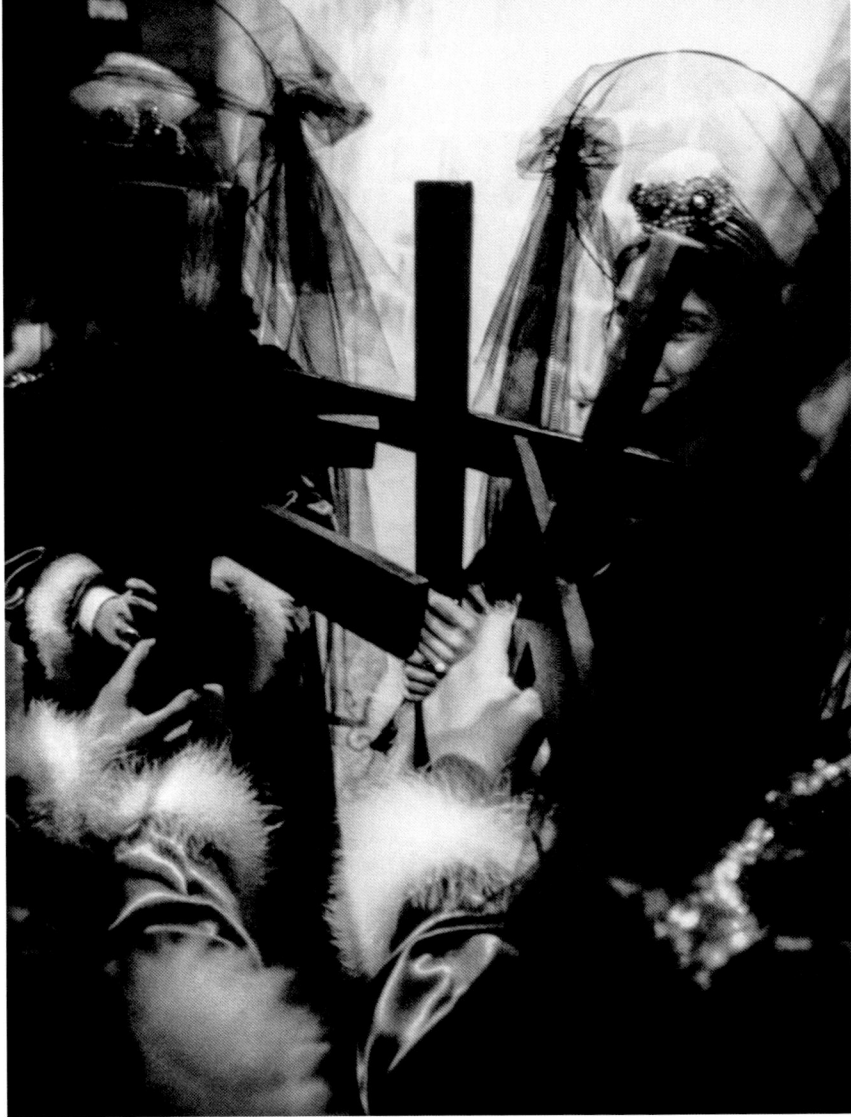

Vigo, Pontevedra, 1964

Gelatina de plata sobre papel baritado, 403 × 305 mm.
Museo de la Real Academia de Bellas Artes de San Fernando
F/1264

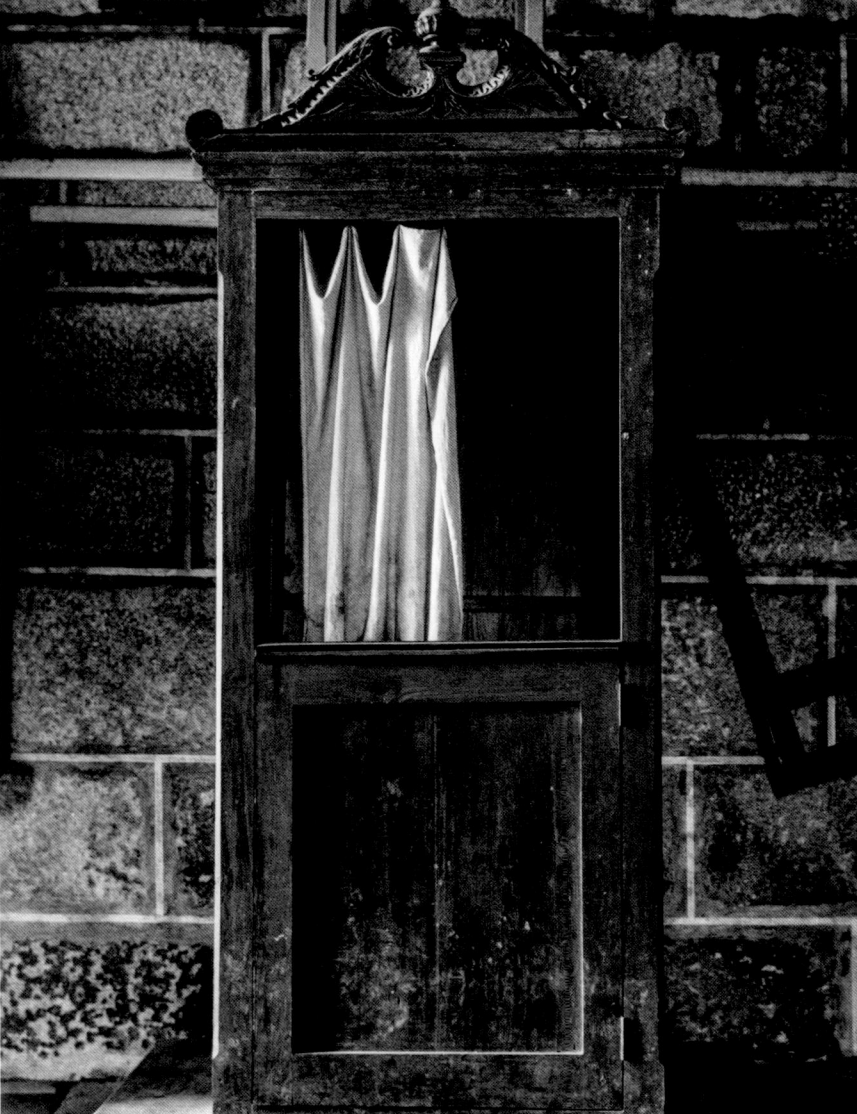

Barcelona, 1957

Gelatina de plata sobre papel RC, 305 × 240 mm.
Museo de la Real Academia de Bellas Artes de San Fernando
F/1273

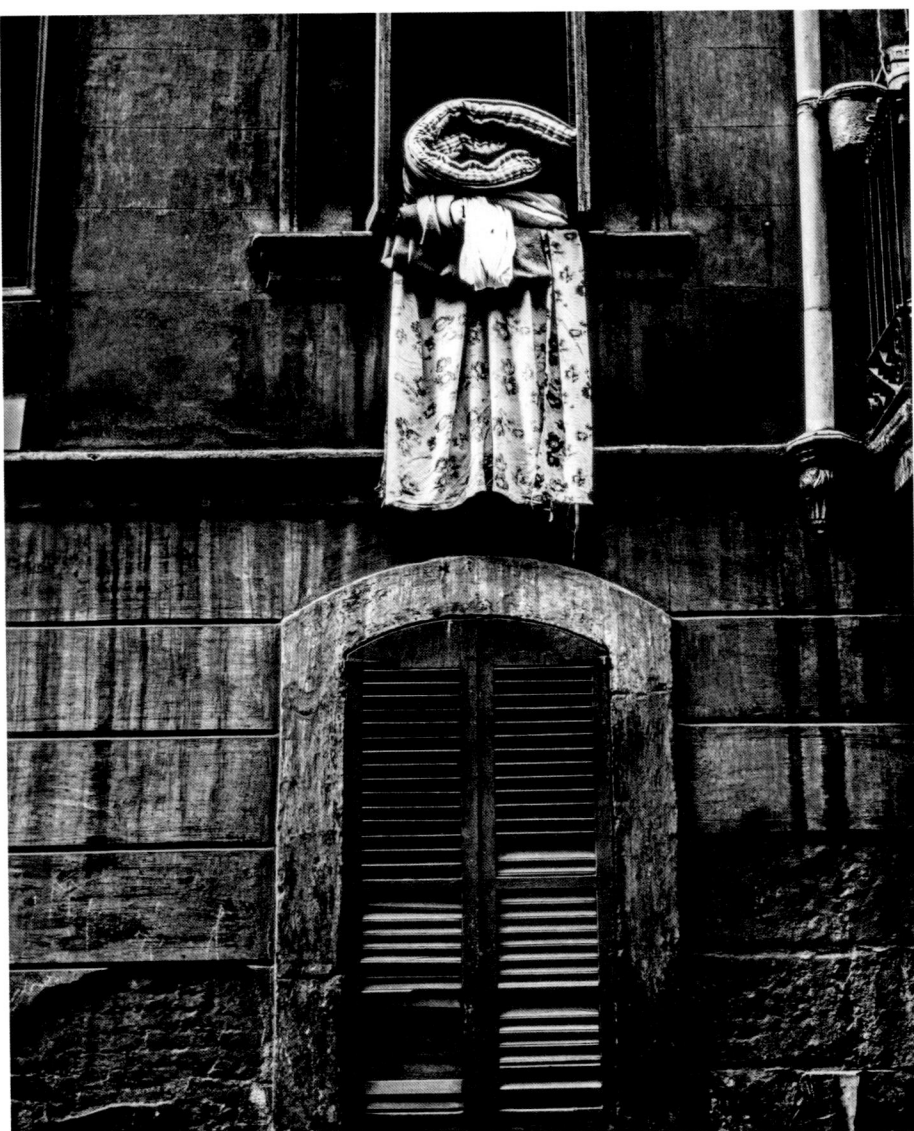

Barcelona, 1956

Gelatina de plata sobre papel RC, 204 × 305 mm.
Museo de la Real Academia de Bellas Artes de San Fernando
F/1276

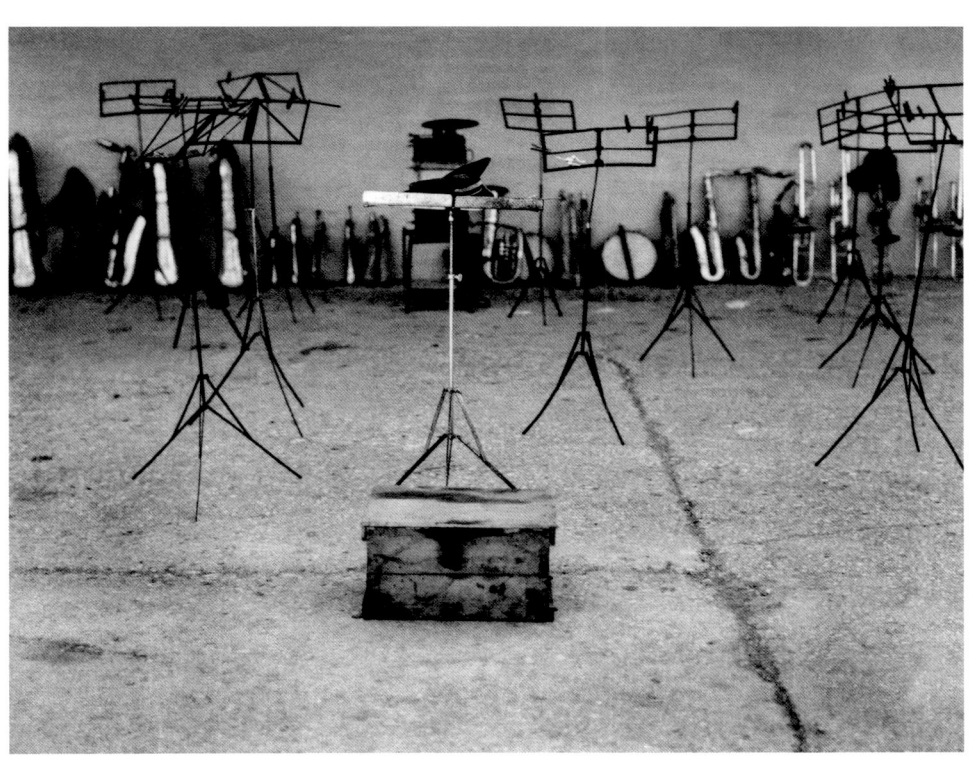

Luarca, Asturias, 1986

Gelatina de plata sobre papel RC, 293 × 240 mm.
Museo de la Real Academia de Bellas Artes de San Fernando
F/1274

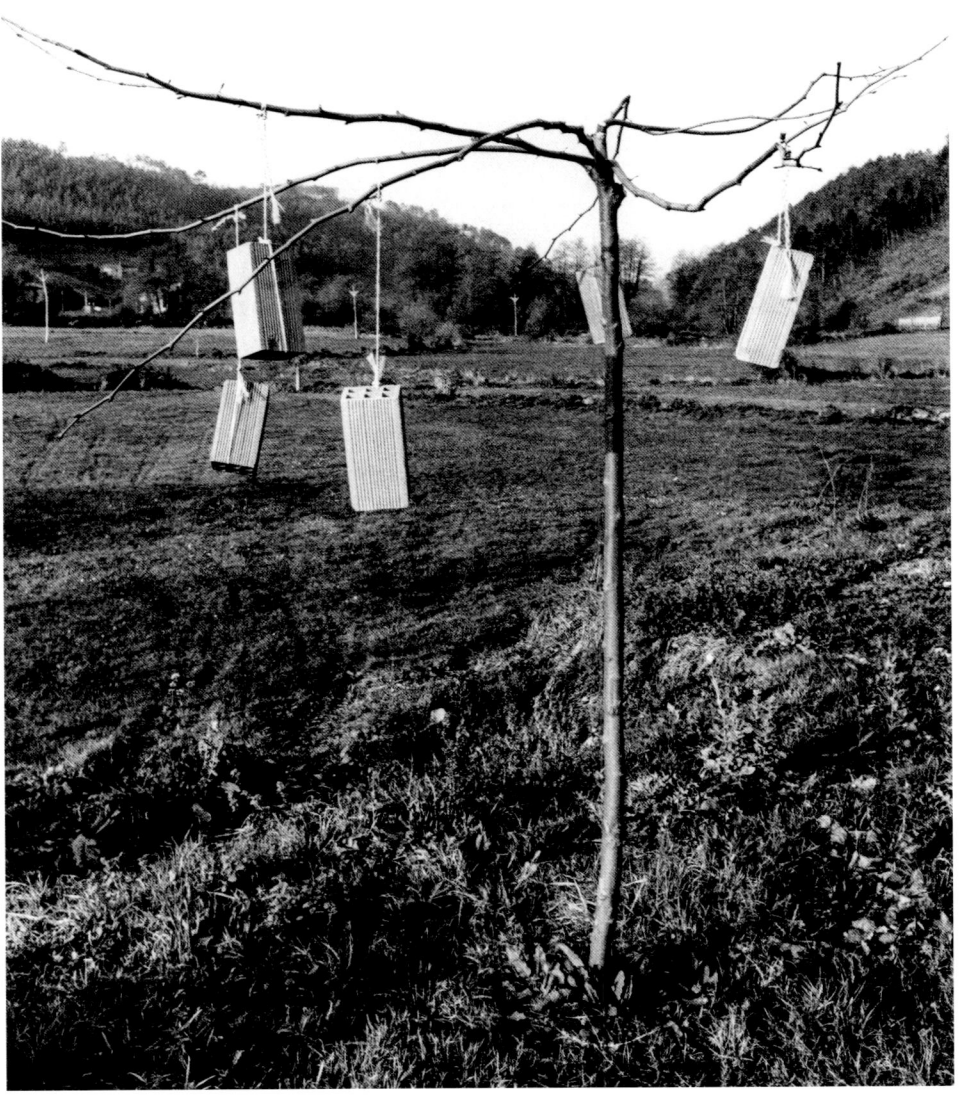

Matamá, Vigo, Pontevedra, 1985

Gelatina de plata sobre papel baritado, 305 × 405 mm.
Museo de la Real Academia de Bellas Artes de San Fernando.
F/1267

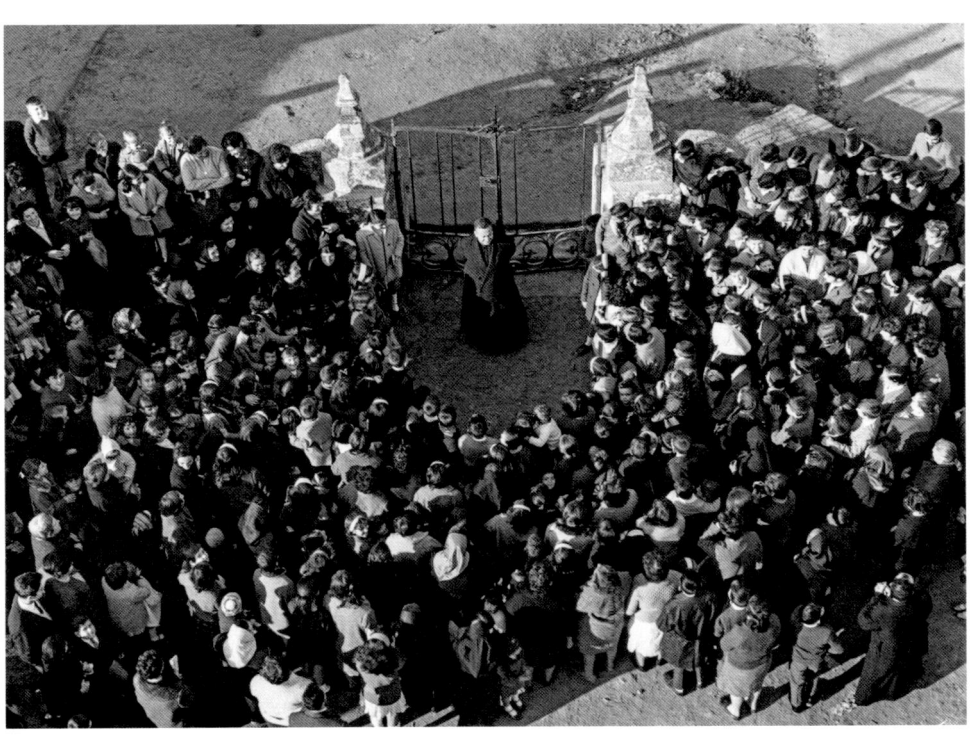

Santa Marta de Ribarteme, Pontevedra, 1962

Gelatina de plata sobre papel baritado, 305 × 405
Museo de la Real Academia de Bellas Artes de San Fernando
F/1265

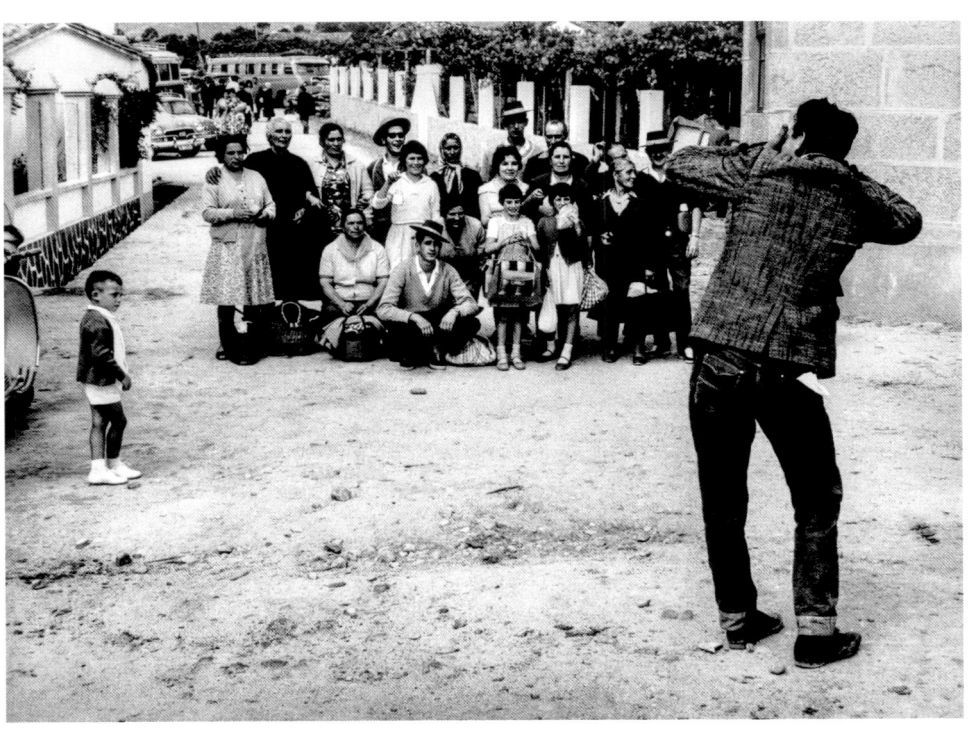

Vigo, Pontevedra, 1964

Gelatina de plata sobre papel baritado, 405 × 305 mm.
Museo de la Real Academia de Bellas Artes de San Fernando
F/1268

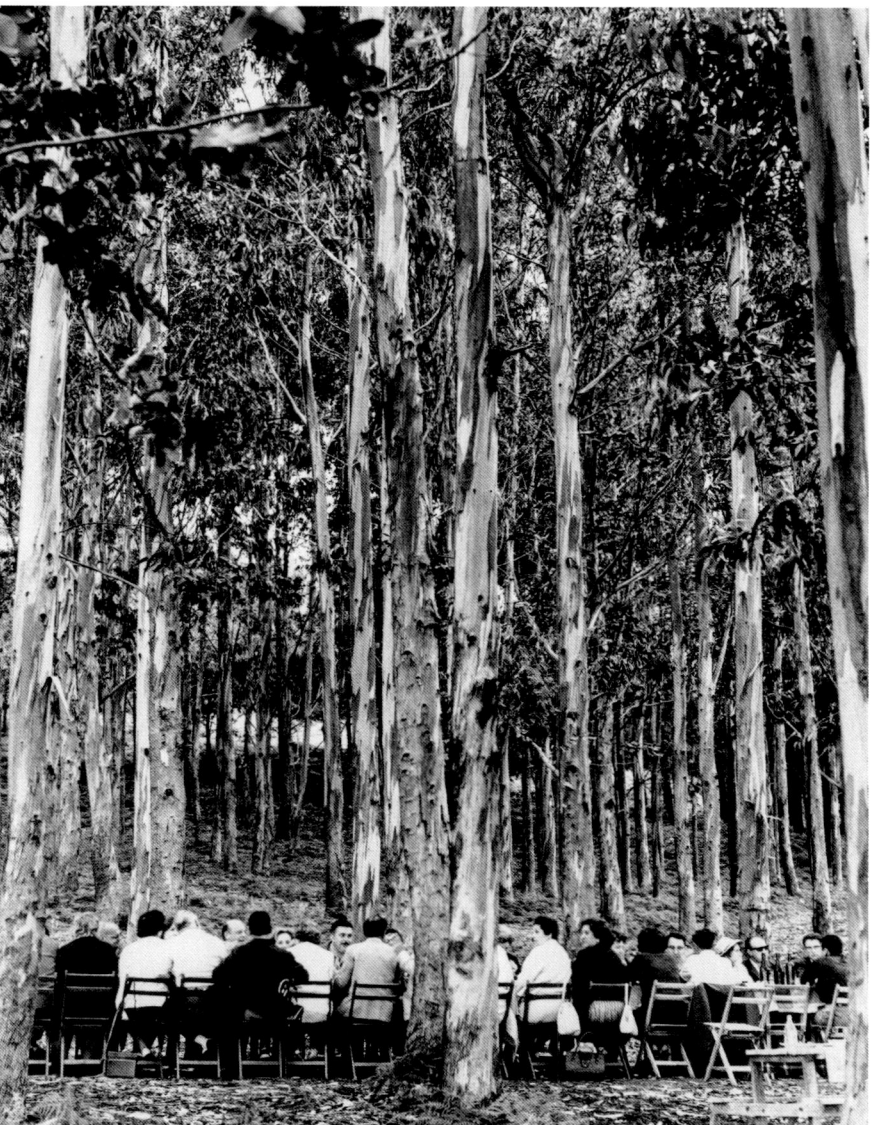

Barcelona, 1957

Gelatina de plata sobre papel baritado, 405 × 305 mm.
Museo de la Real Academia de Bellas Artes de San Fernando
F/1266

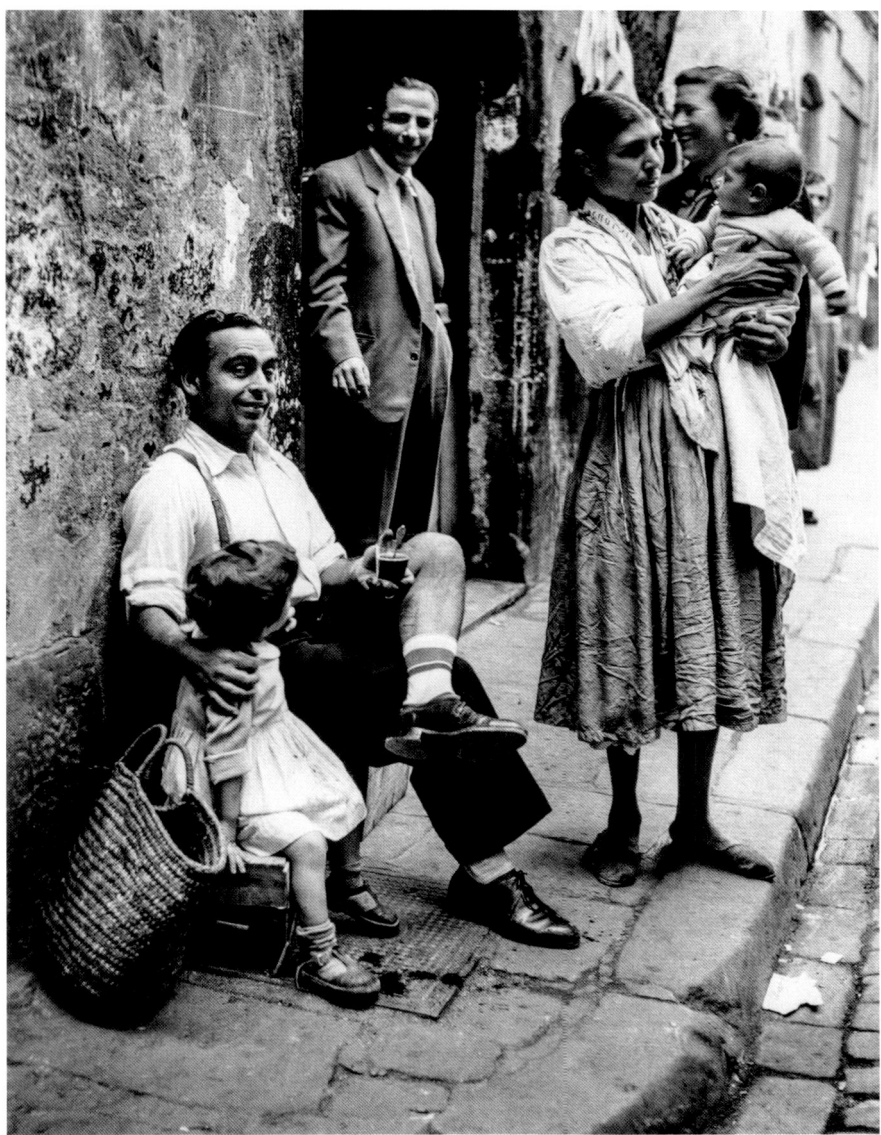

Mort poètica de les coses petites, 1998

Gelatina de plata sobre papel baritado, 240 × 178 mm.
Museo de la Real Academia de Bellas Artes de San Fernando
F/1269

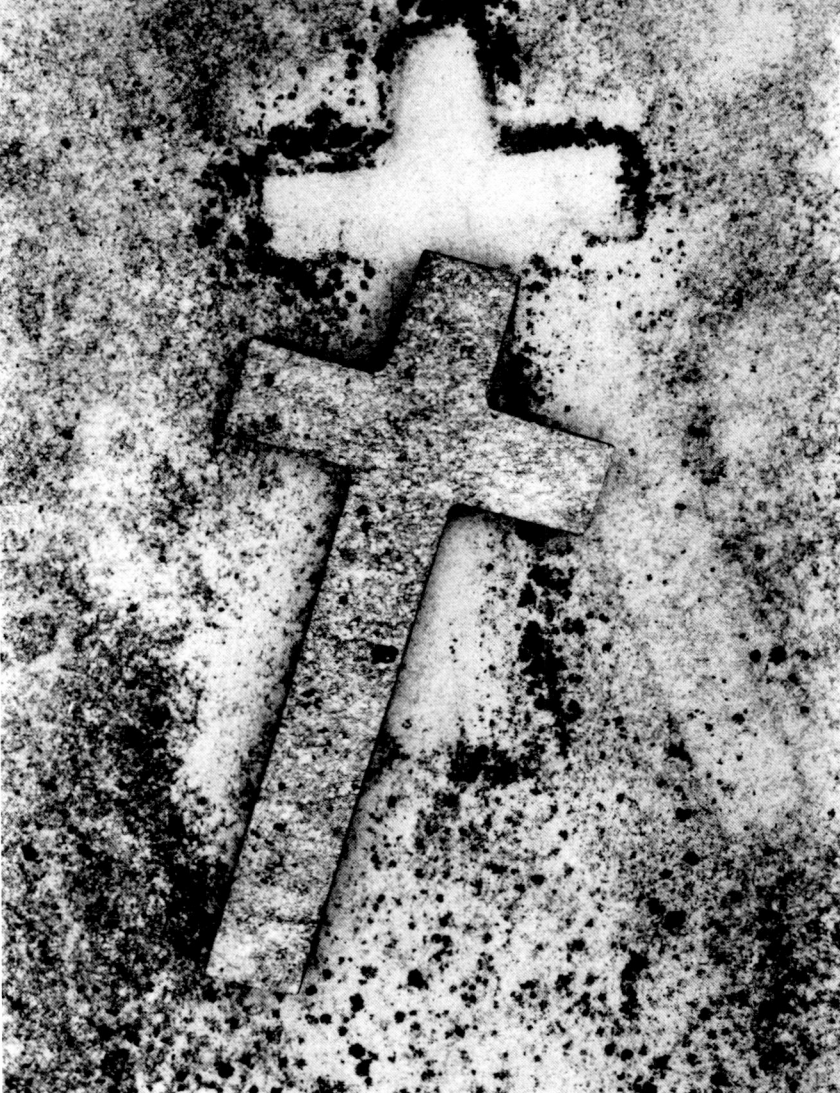

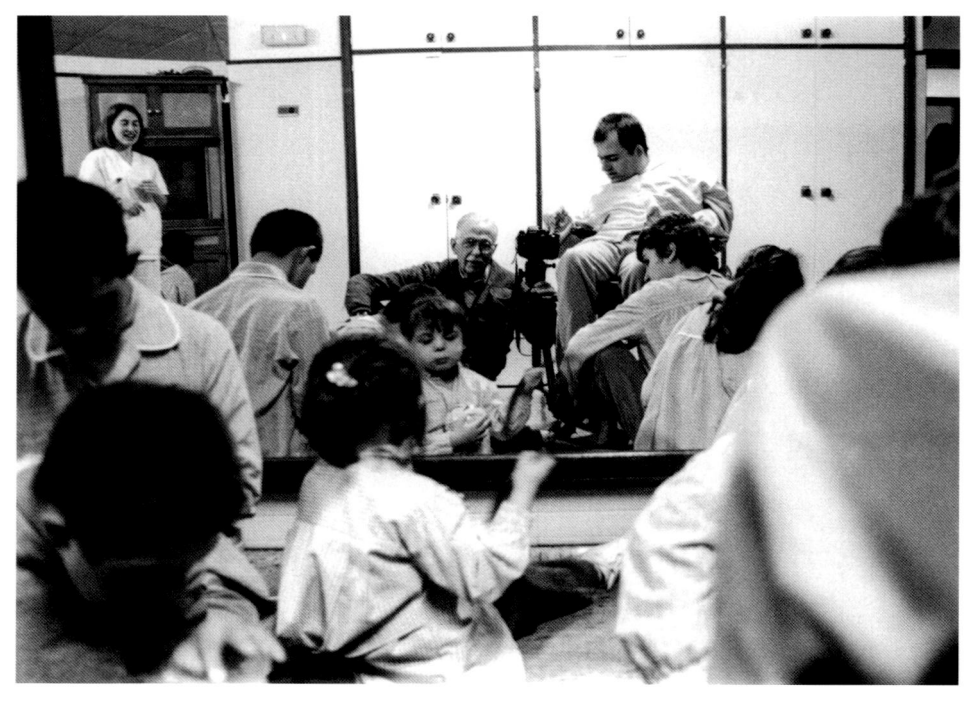

Autorretrato con los niños de San Francisco, Vigo, 1998
(Colección particular)

LAURA TERRÉ

Historiadora de la fotografía

Suite de 13 instantes Terré como un acorde

Mi padre creció en una familia en la que todos eran mecánicos e ingenieros, pero él quiso ser artista. Hábil con el dibujo, centró su experimentación en descifrar las escenas, en describir seres, ya fueran humanos o animales. El mundo era para él un jeroglífico expresivo que solo había que estilizar para convertirlo en lenguaje. La caricatura le pareció un buen recurso para casar abstracción y descripción. Extraía el temperamento de los personajes mediante la exégesis satírica de trazos simples, lógicos, mecánicos. Años después, explicaba en las entrevistas que aquel método de dibujo fue el origen de su estilo como fotógrafo. Y, aunque a los treinta años ya había dejado atrás los pinceles y los colores, nunca abandonaría la metodología del pintor. De ahí esa plástica suya tan característica, llena de aspas y de cruces negras, de umbrales oscuros, de pasadizos de luz a través de los que se encuadran menudencias que, sin su manera de organizar el mundo, pasarían desapercibidas. Sus colegas decían de él que era un "salonista moderno". Para entender por qué podemos poner como ejemplo esta relación que en el contexto de la Real Academia de San Fernando bien se entenderá: las pinturas negras son a Goya lo que la obra de Terré es a la fotografía del Grupo Afal. Pertenece, pero se distingue. Una obra densa, apasionada, sintética, breve, críptica, cruel y tierna a la vez. Terré podría extender al campo de la fotografía la tradición española del

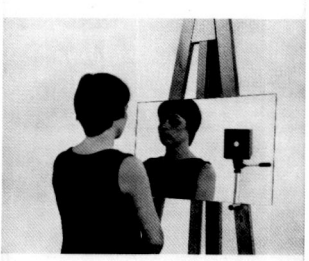
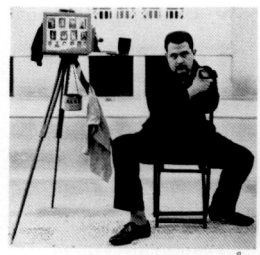
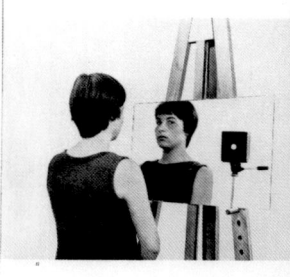

Portada y páginas interiores de la histórica obra de Otto Steinert, *Selbstporträts*, 1961 (Colección Pedro Melero)

tremendismo. Arte que recoge los temas de la realidad y los somete a trazos, los radicaliza en el contraste, borra los contornos y rellena los fondos de sombras.

Pero según él, el arte inspirador de su estética no fue la pintura, sino la música de jazz. Música como explosión emocional. Cada foto de Terré es una nota elegida para componer. Él trataba siempre de matizar el sonido polifónico de su obra total con la eliminación de cualquier ruido sobrante, anecdótico, decía. Jugaba a crear una serie única de cien fotografías que no debía explicar ninguna historia. Buscaba una secuencia enigmática como el tartamudeo del alma iluminada. En los cajones del archivo donde guardo el legado de mi padre, esperan las fotos como las teclas de un piano dispuestas a sonar. ¡Qué responsabilidad crear un conjunto consonante para dar a entender su arte en exposiciones y publicaciones!

Con la intención de hacer sonar a Terré en la Academia, he escogido un grupo de fotografías copiadas por él mismo. Una suite de 13 piezas para escucharlas encadenadas, que son noticia de un mundo raro: Un cura rodeado de gente, un rebaño con su oveja negra. Una cruz descentrada y un confesionario. Una diminuta motocicleta engullida

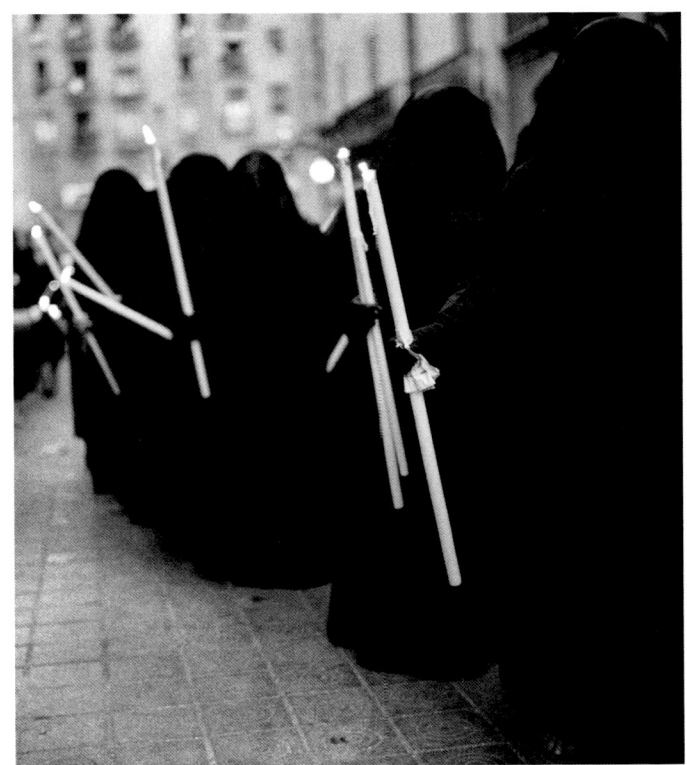

por el pavimento de la calle y el bosque que engulle una merienda campestre. Vacas que quieren entrar en el cine, la luz que se cuela por una ventana. Ventanas que lloran cretonas y árboles llorosos de ladrillos. Los iconos se bastan a sí mismos: son portentosos como una melodía. Otras imágenes más humildes están ahí para crear el bajo continuo que cambiará la tonalidad, introducirá tristeza o abrirá de repente un resquicio de esperanza. Todo pasa a la vez como en un acorde.

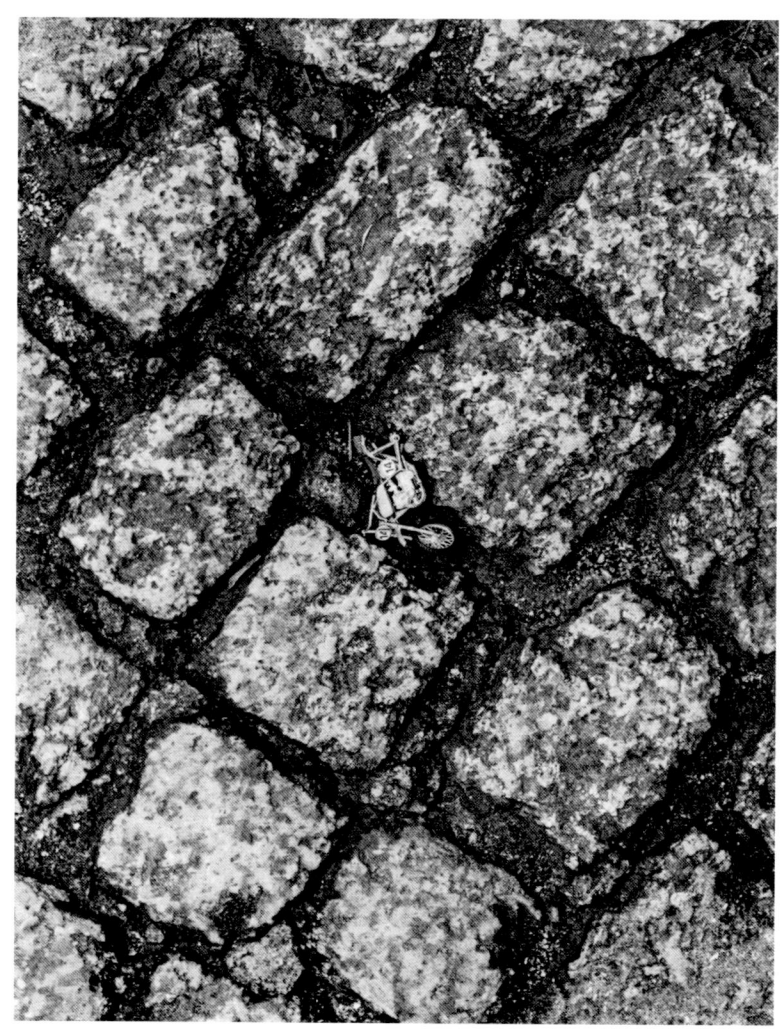

Mort poètica de les coses petites, 1998
Gelatina de plata sobre papel baritado, 240 × 178 mm.
Museo de la Real Academia de Bellas Artes de San Fernando
F/1270

Cronología

1929 Nace en Sant Boi de Llobregat (Barcelona).

1945 Realiza sus primeras fotografías.

1945-48 Cursa estudios en la Escuela de Altos Estudios Mercantiles de Barcelona.

1955 Comienza a realizar fotografías de una manera más "seria" y sistemática.

1957 Exposición, "Terré, Miserachs-Masats", en la Agrupación Fotográfica de Cataluña, en la Real Sociedad Fotográfica de Madrid y en la Agrupación Fotográfica Almeriense.

1958 Se integra en el Grupo Afal.
Es incluido en el Anuario de la Fotografía Española, editado por Afal.

1959 Exposición, "Terré, Miserachs-Masats", en la Sala Aixelá de Barcelona, apadrinada por el Foment de les Arts Decoratives.
Abandona Barcelona, para residenciarse en Vigo.

1961 Expone en el Foto Club de Vigo. Seleccionado por Otto Steinert en su célebre obra *Selbstportraits*.

1962 Expone en el Ateneo de Madrid, que publica un catálogo de la misma, con texto de Carlos Saura.

1970 Abandona la práctica pública de la fotografía.

1982 Reanuda su actividad como fotógrafo.

1991 Exposición y catálogo en la Casa das Artes organizada por el Centro de Estudos Fotográficos de Vigo.

1993 Exposición, "Ricard Terré. Fotografias, 1956-1992", en Sant Boi de Llobregat.

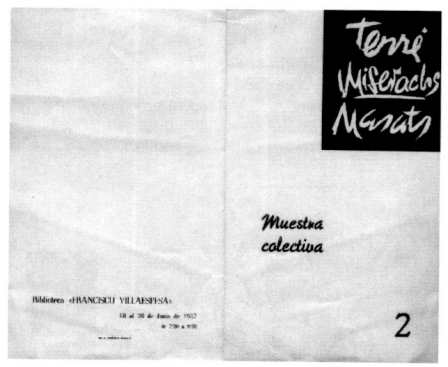
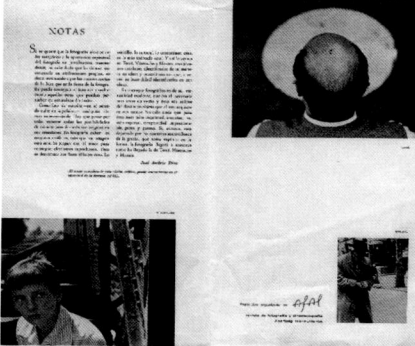

1994 Exposición, "Estar al quite", en la Galería Arena y en "L'École Nationale de la Photographie" de Arles (Francia).

1995-98 "Cruces", en la Galería Scala, de Vigo. Exposición individual itinerante que recorrió toda España, inaugurada en la Sala de la Fundación La Caixa, con catálogo editado por Lunwerg Editores. Su obra está presente en la obra, "Fotografía y Sociedad en la España de Franco", de Publio López Mondéjar, publicada por Lunwerg Editores.

1996 Exposición antológica celebrada en los Rencontres Internationales de la Photographie, en Arles (Francia).

1997 Expone en la Sala de Exposiciones de la Galerie VU, París

1998 Expone una selección de su obra en Sant Boi de LLobregat, en el Musée des Cordeliers, y en Action Culturel Ville des Romans (Francia).

1999 "150 años de fotografía en España", de Publio López Mondéjar. Lunwerg Editores.
Expone en el Museu Nacional d'Art de Catalunya, Barcelona.

Catálogo de la exposición Terré-Miserachs-Masats, Biblioteca Francisco Villaespesa, 1957 (Colección Pedro Melero)

2000 "Muerte poética", durante la Primavera Fotográfica de Catalunya.
"Lugares de Evocaçao", en el Museu da Imagen, Braga.
"Retrospectiva Ricard Terré" (Galerie Vu), en el contexto del Festival París Photo.

2001 Ricard Terré, en la colección Photobolsillo, editado por La Fábrica.

2003 Una fotografía suya seleccionada para la exposición "Les Choix d'Henri Cartier-Bresson", Fundación HCB, Fundació La Caixa, París y Barcelona.

2005 "Ricard Terré", documental realizado por José Luis López Linares, para la colección *La voz de la imagen*.

2006 Se edita el libro "Cruces", presentado en la Galería Bacelos, de Vigo.
Su obra está presente en el libro dedicado a la Galerie VU, dirigida por Robert Delpire.

2008 Premio Bartolomé Ros, concedido por PhotoEspaña a la mejor trayectoria fotográfica en España.

2009 Premio Especial de la Ciudad de Sant Boi de Llobregat. Muere en Vigo, el 29 de octubre.

Catálogo de la exposición "Terré-Miserachs-Masats", en la recordada Sala Aixelá, Barcelona, 1959 (Colección de Pedro Melero)

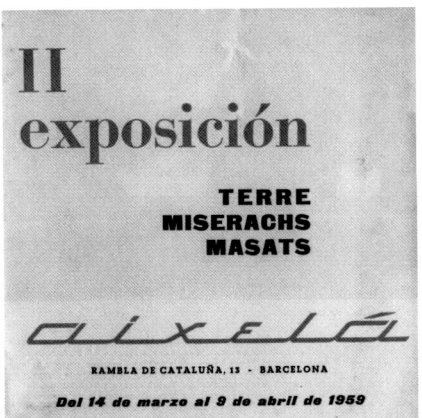

II exposición

TERRE
MISERACHS
MASATS

RAMBLA DE CATALUÑA, 13 - BARCELONA

Del 14 de marzo al 9 de abril de 1959

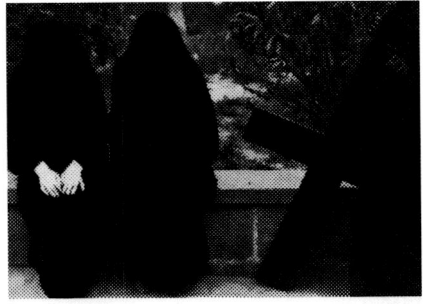

Ricardo TERRE

Nacido en 1928. Miembro del Grupo TMM. Seleccionado por Otto Steinert para la exposición quincenal "Subjective Photographie n.º 3". Participante en la exposición "Obras maestras de la fotografía desde sus principios hasta hoy" organizada por Edward Steichen, director de la Sección de Fotografía del Museo de Arte Moderno de New York. Invitado a la Bienal Internacional de Fotografía, de Pescara, donde una de sus obras obtuvo la mejor consideración. Miembro del Grupo AFAL. Socio de la Agrupación Fotográfica de Cataluña.

**Este libro ha sido patrocinado
por Adolfo Autric**

Queremos expresar nuestra profunda gratitud a Laura
Terré, que cuida el archivo de su padre con admirable
dedicación y delicadeza. Gracias también a Javier Pérez
Andújar, por su excelente texto.

Y un agradecimiento especial a Pedro Melero,
que, como siempre, nos ha prestado valiosos libros
y documentos sobre la persona y la obra de Ricard
Terré, que atesora en su magnífica colección de libros
de fotografía.

Las fotografías que se publican en el presente libro han
sido donadas a la Academia de San Fernando por Laura
Terré. Fueron positivadas por el autor entre 1986 y 1990
en papeles emulsionados en gelatina de plata, a partir
de los negativos originales.

Catálogo

Edición
Real Academia de Bellas Artes
de San Fernando, 2025

Director de la colección
Publio López Mondéjar

Conservación
Ascensión Ciruelos Gonzalo
Museo. Gabinete de Dibujos,
Estampas y Fotografía

Coordinación
Guillermo García del Busto Miralles

Diseño
Encarna F. Lena

Reproducción de fotografías
Pablo Linés

Tratamiento de fotografías
David Vicente (taller Auth Spirit)

Corrección de textos
Consuelo Salvá

Impresión
Brizzolis, arte en gráficas

ISBN: 978-84-95885-58-6
D.L.: M-7350-2025

Impreso en España

EDICIONES
DEL AZAR

TÍTULOS PUBLICADOS
EN ESTA COLECCIÓN

01
Paco Gómez.
Textos de Antonio Muñoz Molina
y Ramón Masats

02
Virxilio Vieitez.
Textos de Antonio Lucas, Keta Vieitez
y Christian Caujolle

03
Francesc Català-Roca.
Textos de Manuel Gutiérrez Aragón, Carlos
Ruiz Zafón y Marta Rivera de la Cruz

04
Martín Chambi.
Textos de Mario Vargas Llosa
y Publio López Mondéjar

05
Ramón Masats.
Textos de Juan Manuel Caballero Bonald,
Carlos Saura y Óscar Tusquest

06
Christian Franzen.
Textos de Estrella de Diego y Carolina Azcue

07
Nicolás Muller.
Textos de Manuel Vicent, Pilar Rubio Remiro
y Ana Muller

08
Ricard Terré.
Textos de Javier Pérez Andújar
y Laura Terré

DOCUMENTAL RICARD TERRÉ.
Director: José Luis López Linares